José G. Yguaro Hernández

De vuelta al reino del amor

Editorial Giraluna

© Editorial Giraluna R.L, 2021
Derechos Reservados

Edición al cuidado de:
Rey D' Linares
reydlinares69@hotmail.com

Diseño de portada:
Carolina Linares
artesgraficas20042009@gmail.com

Publicado en Venezuela por:
Editorial Giraluna R.L.
J-29614384-6
editorialgiraluna2008@gmail.com
Teléfono: (+58) 0212-524.25.33

Los Sueños

Sueños, quimeras que son el reflejo de lo que inspira el alma, aquello que sostiene el ser, colmándolo de pasión, de esperanza; aflorar como bandada de aves, aquellas vistas en nuestros sueños; deseos que se convierten en savia, y convergen en el camino, irradian el tránsito de la vida.

Si no contáramos con nuestros sueños, solamente existiríamos, no viviríamos; solo se tendría el motor que nos impulsa, pero sin emociones, impávido, vacío, sin sonido, ni colores…

Aquel que nos soñó primero, El creador, otorga su obra a seres de gran valía, que sacrifican, entregan y se hace uno para abrazar nuestra vida.

*Versos para un primer amor
entregado*

Ímpetu

Dios es ímpetu
miro el firmamento
iluminación.

Dios es...

Una fuerza
impetuosa, solemne
nace de la fuente
da vida a todos.

Alimento, aliento
te renueva,
llena un alma vacía,
¡nada como Él!

Solo lo tienen
aquellos que encuentran
armonía interna.

Unos lo entregan
como desecho mismo
¡No entienden!

Otros lo toman
lo integran al ser
Toda su vida, toda.
La hacen suya.

Ese es Dios
que trasciende
para mejor vida.
¡Esa su promesa!

Corazón salvador

Cuando sientas que no puedes,
cuando mires hacia atrás
cuando solo sombra veas,
no doblegues en tu andar.

Siempre mira hacia el cielo
las altas cumbres rebasa,
y pon el corazón en Dios,
verás en Él esperanza.

Partirán tus penas y miedos
en un viaje sin retorno
se verán disminuidos,
desvanecerá el desasosiego.

Un corazón en pureza,
repleto de sentimiento.
corazón eterno quiero
que inunde el mundo entero.

Sin tu amor no soy nada

Si solo tuviera el amor de los hombres,
sin tu amor no soy nada;
si solo tuviera el resplandor del cielo,
sin tu luz no soy nada;
si solo tuviera la música más bella,
sin tu melodía no soy nada.

Tu amor lo llena todo,
sana la herida más honda.
El amor todo lo aguanta.
Tú desatas la distancia
y acercas lo trascendente.

¿Qué sería de la vida
si no existieses?
¿Qué sería de nosotros
sin ti?

Solo tú eres perfecto,
solo tú eres total,
llegas a lo más pleno,
trasciendes lo elemental.

Ese amor, lo mejor

Cuando te vi llegar,
sentí latir mi corazón,
aquel pedazo perdido
con el dolor de una pasión.

Sentí el alma despertar,
como de un sueño eterno
que quedó sin aliento,
sin vida, sin soñar...

El amor hace reír,
el amor es lo mejor;
hace volver a la vida
la alegría… la pasión.

Nuevamente me encontré
con el amor en mi vida,
y en mí revivió todo,
volví a respirar!

Sentí vibrar el corazón
en tu mirada y tus ojos.
Cuando vi alrededor,
de nuevo lo mejor vi.

Amemos con fuerza

Si cada noche despiertas
sin ganas de vivir,
es que algo en tu vida falta
y te hace disentir.

Amemos a Dios con fuerza,
porque Él se entregó primero.
Sin medida se entregó a nosotros
y nos liberó del miedo.
No demos vuelta al amor
y entreguemos lo verdadero.

Ante todo lo que pase,
ante el desaliento del mundo;
por encima de todo, ten valor,
tus ojos pon en el amor,
amor verdadero y fuerte
que solo Dios ofrece.

Vístanse de amor real,
ese que no engaña ni aleja,
que sana y te hace crecer;
hombre nuevo te hace ser,
con fortaleza y templanza,
y a la humanidad se enfrenta
alejada del mandato divino,
destino del Dios del cielo.

El Dios del cielo

El Dios del cielo bajó,
nos acompañó a todos,
nos enseñó a vivir,
a compartir la vida.

Por nosotros se entregó,
aún sabiendo nuestros males.
Sin tener pecado alguno
tomó para sí la culpa.

El camino hacia la Cruz
lo llevó con valentía.
El amor que nos tenía
lo sostenía.

En la cruz crucificado
el perdón a todos impartía,
y a su madre que le seguía
al mundo la entregó.

Jesús sigue durmiendo
y todos le esperamos.
Tres días para la eternidad
es cuanto necesitamos.

Vuelve a la Santísima Trinidad,
vuelve en brazos del padre,
abre el camino del hombre
para llegar a adorarte.

Puedo ser todo

Creyendo en el amor crecí,
vida de intenso cariño
que me dieron desde niño
en un ambiente feliz;
me enseñaron con obras
todo lo que es hermoso.

Conocer a Dios pude
en el andar de los días,
reflejado en una madre
que de Dios se sostenía.

Al pasar los años, luego
en el mundo me detuve.
Con tropiezos y combates
hacía lo que no quería
y no hacía lo que sentía.

Preciso aquel momento,
mi mirada a Dios volvía,
y le entregué un corazón
anclado al valor, a la vida.

Puedo con su compañía
ser todo lo que puedo,
Con tu fuerza y voluntad,
porque solo tú permites
abrir senderos nuevos.

¡*Quédate, Señor, conmigo!*

Ante lo que vive en el mundo,
que no te ve ni te siente,
pido, Señor, con ansias,
vive en casa por siempre.

Para que nos des del amor
que solo tú sabes dar.
Desde hoy, eternamente,
quédate en mi andar.

Muchos ya no te ven,
ni te llevan consigo
de su casa te han echado,
solo actúan en egoísmo.

Tú siempre te renuevas,
surges como lirio fresco.
Entra en nosotros mismos
para seguir reviviendo.

Y así, por los días
la vida tendrá sentido,
porque tú, Todopoderoso,
serás siempre un abrigo.

Desde nuestros corazones,
uniendo todos los sentidos
te pedimos desde el alma,
¡Quédate, Señor, conmigo!

Un amor grande

Un amor grande
¿Quién es?
Ese es el creador.

Un tesoro llevamos
en nuestro corazón
en su luz deslumbra
y se mueve en compasión.
Grande nos hace ser
ante toda dificultad.

Confía en mí — nos dice —
de mirarme nunca dejes.

Despierta de nuevo la fe
cuando la angustia llegue.
La supero con tu amor,
creo en ti por siempre.
Acompáñame a existir
en mi morada terrestre.

Desde Getsemaní

En Getsemaní
entrega la vida un Rey.
¿Causa justa es?

Treinta monedas dieron.
quizá sea ese el precio.
¿Quién es ese
que lo impone?

Corona de espinas,
luego en oro torna,
vuelven las rosas.

Lejos lo lleva el viento,
predestinado está
la vida eterna aguarda.

¡Una promesa!
Se hará cargo del destino
de todo aquel que lo quiera.

Toma mi vida, Señor.

Lléname de tu gracia,
que toque todo mi ser,
para que al fin me convierta
en lo que tú quieras tener.

Y como papel en blanco
que se toma al escribir,
toma mi vida, Señor,
y pon tus palabras en mí.

Toma mi vida, Señor,
moldéala, como has de querer;
que sea yo tu imagen
y en mí te puedan ver
como agua cristalina
que viertes en vaso nuevo,
el cual ha sido ungido
con tu espíritu y tu cuerpo;
como niño de pecho,
llévame, Señor, en tus brazos,
y entrégame a tu madre
para que guie mis pasos.

Cuando te llamé

Cuando te llamé, no creías en mi amor,
cuando te indiqué que debías venir,
me dijiste "no". No pensabas en mí,
pues para ti había un mundo mejor.

Cuando te sané creíste que no,
que seguías con mal en tu corazón,
mas sobre ti soplé
y de nuevo se dio
el milagro del amor.

Te llamé para ser mejor hombre,
para vivir el reino de Dios;
te llamé para ser como soy,
y dijiste que sí, y de vuelta acá estoy.

Cuando yo de ti esperé
todo lo mejor,
pudiste comprender
lo que era amor:
amor de verdad, amor del corazón,
amor que no espera de ninguna razón.

Ahora que eres parte
de una vida mejor.
Debes siempre estar
a disposición
de aquel que un día te consagró
para vivir en su reino de amor.

Hoy he vuelto a ti

Hoy sentí que te entregué mi amor,
que se encendió mi voz;
hoy viví como quien lo da todo
y se queda sin nada.

Hoy he vuelto a ti, mi Dios,
he vuelto a nacer en ti;
hoy he vuelto a crecer,
hoy comienzo otra vez.

Hoy ya no soy el mismo,
viví gran experiencia.
Te veo en todas partes,
tus pasos sigo, tu presencia.

Sentí que cambié dentro,
que mi cuerpo y mi alma
sanaron y se quedaron
contigo... todo.

Te Tengo a Ti

Cuando la vida te agobie,
cuando no sientas amor,
cuando te sientas dolido,
busco tu amor sanador;
cuando solo me encuentre,
cuando siento depresión,
cuando te siento muy lejos,
pienso en ti, Señor.

Te tengo a ti, gran amor,
toma mi vida, te la doy.

Tengo a tu madre, es ternura;
tengo a tu padre, pasión;
tengo mi vida, que es tuya;
tengo mi amor, que es tu amor.

Cuando solo me encuentro,
cuando sin rumbo yo voy,
cuando me dicen "no puedo",
en ti busco consuelo.
Cuanto sufrimiento he pasado
Momentos de angustia y dolor,
en ti puse mi medida,
y en tu amor, descansa mi amor.

Ruego

Un Ruego imploro
para un mejor mundo,
petición diáfana
por razón justa.

Gracias a la vida
que se me otorgó.
Ruego al creador
por su eterno amor.

Al Todopoderoso
que alianza nos ofrece
para él es mi ruego
en unión nos mantiene.

El ruego es mi fuerza,
por eso yo lo busco;
el ruego es la vía
Para vivir en este mundo.

Toda la vida entera
un ruego bendito a Dios
para que en sus manos sostenga
la salvación.

Vengo a pedir perdón

Vengo, Padre, ante ti,
triste y afligido
por el daño que causé
a uno de tus hijos.

Porque herido le dejé
el corazón y su aliento.
No sé si me dolió más que a él,
no sé si peor yo me siento.
Pero lo que sé es que Jesús
me ordenó perdonar,
me enseñó a ser bueno,
me enseñó a amar…

Pongo ante ti el dolor,
pongo ante ti la culpa,
de tratar con rencor
a una persona tuya.

Solo me queda aguardar
que tú me perdones
por el daño que causé
por no imitar tus dones.

Padre, siempre nuestro

Padre nuestro, excelso,
por siempre en el cielo,
Santificado tu nombre,
Santificado, tu Hijo.
Venga a nosotros tu Reino,
que por siempre perdure.
Hágase tu voluntad
en la tierra y en el cielo.

Vive en nuestros corazones,
asimismo, en el pensamiento.
Danos hoy el pan del día
y del alma el alimento,
ese que está en la Hostia.
Perdona nuestras ofensas,
perdona nuestros pecados,
como nosotros perdonamos
a los que nos deshonran.

Padre, siempre nuestro,
eres más que eternidad.
De la tentación, aléjanos,
del mundo la maldad.
Líbranos de su egoísmo,
y líbranos de todo mal
para permanecer en ti
en la eternidad.
Padre, Hijo y Espíritu Santo
¡Oh! Santísima Trinidad,
hazte cargo de este mundo
y danos la paz.

Amor total, fundamental

El amor total es fundamental,
como la vida misma, esencial
nos hace fuerte
en la adversidad.
Crea, abriga la felicidad,
se queda anclado a tu alma,
te sostiene para siempre…
¡No temas…no te soltará!

Él nos atrapa, nos prepara
y envía a vivir, a soñar,
experimentar albores, alegría latente.
Inmortal se vuelve, desborda
un sosiego, paz de verdad.

Así descansar en ti
mis cansados pensamientos
total plenitud me das.

Venezuela, tierra de Dios

A mi Venezuela, creación divina…

Venezuela, tierra de gracia
Venezuela, tierra de Dios
El Altísimo desde el cielo la delineó;
de colores y matices,
usados en la creación.

Le confirió a este suelo
todo su resplandor…
Elevación, llanura, selva y duna
oro, plata, hierro, cobre, carbón

Nieve perpetua, cascada inmensa
rayos perennes.
¡Todos de gran esplendor!

Negro, catire, mulato, pardo
mujer bella y hombre trabajador
sonrisa, llanto, silencio y canto
se atinan en todos lados,
dan brillo al interior.

La risa nunca se acaba
en corazón caribeño
llamas de amor, de pasión.

La madre de Dios vestida
de estrellas, de aroma a flor
nos visita en toda la extensión,
presentes en nuestras vidas
como donación de Dios.

El Sueño de Dos Corazones

Versos para los padres

Senderos

*Por los senderos
vibran dos corazones,
ellos se encuentran.*

El encuentro de dos corazones

Se ven desde lo lejos,
cual estrellas que hipnotizan;
como dos soles que relucen, brillan,
dos luceros que encandilan.
Un lienzo como cabello
que faz de reina cubre.

Reina de la tierra fría,
Reina de la tierra brava;
Mansa como Palomares,
fiera como Doña Bárbara.

Beatitud porta su nombre,
Señora ya desde antes;
portadora del don de fe,
domadora de la añoranza,
que por agravio perdiera
una parte de la esperanza.

Llora, ríe, corre, anda
por el sendero del campo.
Por el camino del alba.
La vida la lleva en alto.

Va pensando en la belleza
que le arrebató el llanto.
Se la devolvió luego el tiempo
que la llenó de encanto.
Que le hiciera ver al sol
aún con alas cortadas.

Mira a lo lejos y ve
al guardián de la esperanza
para sanar sus heridas,
para calmar su alma.

Así se cruzan los caminos,
dos seres cuando se aman.
¿Quién elige lo querido?
Cuando actúa el Dios divino,
dos corazones se miran,
dos almas se entrelazan.

La vida les va sonriendo.
Subidas, bajadas ingratas
para crear los cimientos:
Amor, determinación y gracia.

Huyen

Unos ojos que esperaban
a la mirada de ensueño,
por la esperanza sembrada
de su corazón dentro.
Nació como ave fénix
que en su interior surcaba.
Como llama fue quemando
vagos y oscuros recuerdos,
en anhelos los tornaba.

Cual inocentes amigos
de sueños colosales,
ven surgir en un instante
la fuerza que el amor imparte.

A la luz del amanecer,
con la protección divina,
guiados por las estrellas,
con el despuntar del día.
Huyen sin más equipaje.
Les acompañaba el amor,
y con un beso de fuego
sellaron la bendición
de permanecer unidos
en lo aciago y en lo bueno.

Dejan luz en un instante,
cual cometas en el cielo;
en cada uno el deseo
de iniciar un vuelo nuevo,

y defender por siempre
lo que Dios les regalaba.
En el amor encontraron
Valor, fuerza y esperanza.
Solo el tiempo les diría,
¡Cumplieron su cometido!

No desesperes

¡No desesperes!
vienen regalos de Dios,
serán la vida.

Complicidad

Existe complicidad,
más allá del entendimiento,
del Dios que está en los cielos,
en seres de gran bondad;
les entregó con celos
parte de su creación.
Gracias a ellos seres nacieron,
gracias a ellos seres están.
Surgen de lo celeste,
esencia de alumbramiento.
De la mano del Altísimo
les entregó su razón,
y en la tierra continuar
su estirpe con gran amor.

Dan la vida, cual guerreros
que defienden su legado,
el andar de sus retoños
con fuerza y con deseo.
Dar amor es lo primero
y soltar al mundo entero.

¿Cómo podría dejarse
a gaviota sin destino,
a un polluelo sin un nido?
Dejar a un lado un crío
que sin conocer el amor
llevará la vida sin sentido.

Que jamás pueda ocurrir,
que el fruto del amor pleno

pueda sin consuelo vivir,
sin el poder del sueño.
Sería causa de muerte
para quien cause tal horror.
Dios que está en los cielos
espera que con anhelos
y total convencimiento
consagrar con ilusión
al producto del amor
con fe y valor sincero.

Regalos de Dios

Los he creado para ti,
son influjo de tu amor,
semejantes a mí en todo
Espíritu, vida y ternura son.
Lleno de sublime obsequio
a todo la humanidad
para celebrar el amor
¡Oh, cuan hermosos están!
Ser parte de este reino,
descuidar la creación jamás.

Entregó el don de la vida
confiado en el amor,
que como Él practicara
en su máxima expresión.
A uno se le confirió
a otros no…
Desde antes está previsto
a quién otorgar el don.

Van llegando a su destino
los frutos de gran amor,
que fortalecen las vidas
y otorgan la bendición.
¿Cómo no poder atender
a los regalos de Dios?
Que los ofrece sin celos,
sin más y sin medida
a quien entiende de amor.

Vida

No la tenía
por mucho la quería
vida soñada.

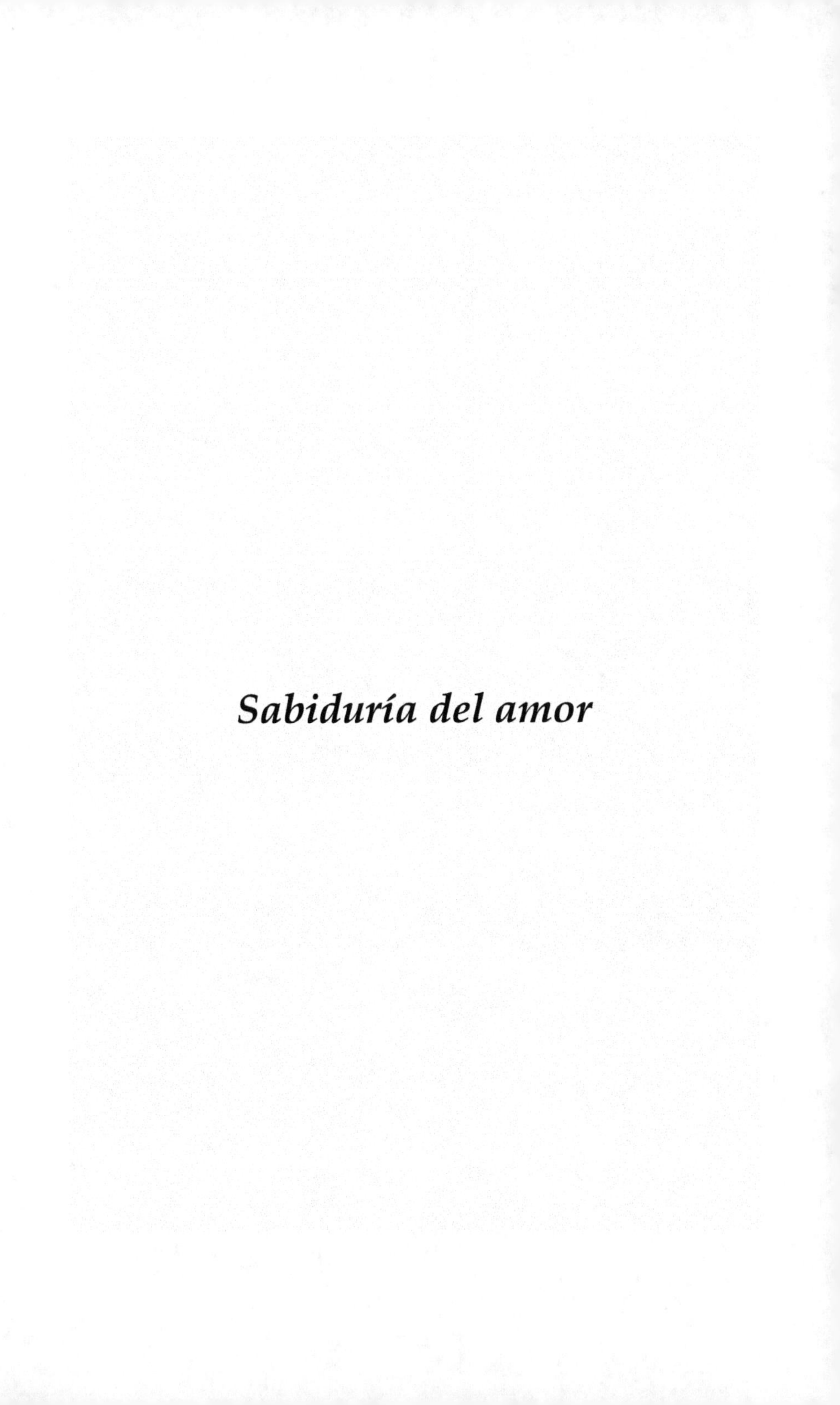

Sabiduría del amor

Madre

Alguien con poderío y consentimiento de Dios
ama, entrega, vive y llora, por el fruto de su amor
ángeles que se encargan de llevar su corazón
sin demora, día a día, transcienden el alma misma
sin esperar nada a cambio entregan toda su vida.
Solo Dios premiará lo que con amor realizan.

Defensora

Escuchar la voz quebrada del llanto en sus retoños,
un mirar de ojos llenos con gran melancolía.
Se funde en el corazón del tesoro de su vida
y hacen crecer en ellas el valor de fiera herida.
La voluntad de una Madre enfrenta todo en la vida,
una fuerza poderosa aflora, repunta, aviva.

Sanadora

Son besos y manos fuente de bendición.
Sanarás de enfermedad, también del corazón.
Un resonar de sus pasos lo reanima todo!
Rebosa toda existencia, del pleno amor.
Aire que vigoriza, florece…
La medicina mejor, esa la tiene una madre
En el beso y el consuelo…

Sabiduría

¿Quién se puede acercar a la sabiduría Divina?
Únicamente la Madre, ser que ama sin condición.
Acompaña siempre, guiada por el amor
entiende y acierta lo que pasa alrededor
sabia, sutil, discreta…
Ángel de guarda siempre, va de la mano de Dios.

Amor total

En el amor de una madre se atina lo puro y bello
permanecer en una fuente de amor incondicional;
es espejo del alma, refleja lo que ella siente.
Capaz de sacrificar la vida misma, cual aliciente,
ama, trasciende, entrega…
Cual plenitud, aroma, cual esencia de sol naciente.

Fortaleza y coraje

Como bastión aparece cada tarde que llegaba
portando un fuerte andar, caminar muy elocuente
despertaba en cada uno respeto y un gran amor
extendía la bendición, a cada uno otorgaba.
Dios le daría el permiso de conceder el honor.
Trabajó con devoción, valores le acompañaban,
esos que desde siempre en el mundo restaban,
pero en él permanecían, como árbol robusto y fuerte.

Recuerdo que decía, "la lucha, el trabajo honra,
y por trabajar debieras ser mejor cada día;
trabajo significa, desde aquel, el más sencillo,
el don que se entrega para vivir el compromiso"

Cómo no recordar que, con fortaleza y coraje,
así la vida recorría en pasos de un caminar.
Lleno de valentía, sin cansancio y con orgullo.
Día a día, hora a hora, sus sueños los defendía.
Atento ante los demás a ellos les respondía
para tender una mano, actuaba con tal bondad
en el pueblo donde nació, así donde vivía,
su corazón en ellos por siempre permaneció.

El legado que dejó en quienes lo conocieron
es el de un hombre ejemplar, de vida y de sueños
que sin descanso los días siempre pasarían,
atendiendo al deber que la vida le concediera,
de ser padre, hijo, amigo y ciudadano ejemplar.

Acompañantes

No se pueden los caminos transitar solos
acompañados de un hermano, fiel amigo
hermano que se convierte en celoso confidente
amigo que se te cruza entra en tu vida por siempre
amigo, ese, tu hermano, que tú mismo elegiste.

Esos amigos sinceros, como hilos trasparentes
esos que al nacer tu hijo, dicen, "yo lo bautizo"
le ofrecen su bendición y acompañan su camino
aquellos amigos que ofrecen manos de cercanía
y contigo te acompañan al cuidado de sus vidas.

Por el trazo del lienzo que recorres, Dios envía
a cuidar de los retoños, de perlas consentidas
a ángeles que el mismo Dios del cielo bajaría
para entregar el amor en cándida melodía
y por siempre con orgullo, la vida les deberían.

Gran tesoro los vecinos, aquellos que se brindan
llegan para quedarse, son regalo y vida.
Otros padres, hijos, son hermanos por siempre
se funden en uno solo, ¡nueva familia florece!
Y en el trascurrir del tiempo la vida se fortalece.

Unidos en corazón, muchas almas luchan juntas
para enfrentar con vigor todo lo que se les viene
y así se superan fatalidades y momentos tristes
pero al igual celebran con logros y alegrías
momentos miles, de llantos, de risas...

Celestes acompañantes cuidan constantemente
con rezos, contemplaciones, con corazones rotos
entre lágrimas, miradas que buscan un horizonte
y con manos encontradas, y cuando les falta aliento
Dios, la Virgen y los santos abren sus sentimientos.

Despedida

Poco a poco,
al pasar de la brisa,
se va la vida.

La Roca

En recuerdo a mi madre

Hoy me desperté sollozo
por la sensación que siento.
Se me va el aliento
por pensar, ¿qué está pasando?
Se va lo más importante,
es lo primero que pienso.
Que sin el consentimiento
se termine lo que fuera
la roca en la que muchos
apoyamos vida entera.

Solo le pido a Dios
revisar lo que haya escrito.
No termines con su historia,
¡No me causes dolor bendito!

Gran conmoción se siente
que no deja estar tranquilo.
El corazón late fuerte
cuando a su encuentro me acerco.

Cuánto quisiera que fuera
este otro de tantos sueños
y te encuentres tú dormida,
lejos del recuerdo.

Habitación tan extraña,
distinta a la de tu huerto,

de aquel, tu querido pueblo
donde libraste tus batallas,
donde alcanzaste victorias, sueños…
Mas esta sombra ha detenido
el ardor de tu mirada.

En tu recinto acostada,
con tus luceros prendidos,
teniendo mirada plana,
silencio solo he sentido.
De aquella flor espigada,
erguida y primorosa
va quedado un perfume
de margaritas y rosas.
Mientras el reloj paraba
cerca del atardecer,
El aliento se marchaba.
¡Partiste ya, gran Mujer!

Melancolía

En recuerdo a mi padre

Vive así en su regazo
aquel que perdió su amor.
Se siente aquí la partida,
viaja en el corazón.
Una parte de su vida
voló con su pasión.
Dejando gran fervor
que por la vida sentía,
que en cada amanecer
a su lado encontraría.

Ya van pasando los días,
uno, dos, muchos años…
y en las noches aún frías
sólo le estremecía el llanto.
En una habitación sentía
que su amor le visitaba.
Cual ángel resplandecía
y el sueño le desvelaba.

Poco a poco iba ocurriendo,
sin saber se desvanecía.
en calles que conocía
a otro lado él viajaba,
y como de un sueño profundo
triste y sólo despertaba.

Quiso partir con su amada
que en lo alto le aguardaba,
y del mundo el resto
esto no lo comprendía.

Volver de nuevo al encuentro
con la reina de su vida,
la mujer con gallardía
que era su eterna musa.
Sin pensar que pasaría,
fue sintiendo lentamente
que su corazón ardiente
ya pronto se apagaría,
y desde la melancolía
las tardes con el pasarían.

Así ocurrió esta partida
del guardián de una estrella,
que predestinado estaba
a reencontrar a su amada,
en el firmamento extenso
que el creador regalaba,
y con la pasión sentida
que tal fusión causaba.
Fue al verdadero amor
que al cielo acompañaba.